frechverlag Stuttgart
Angelika Kipp
Guck mal, wer da guckt!
Fensterbilder aus Tonkarton
Best.-Nr. 2164
Vorlagenbogen 1

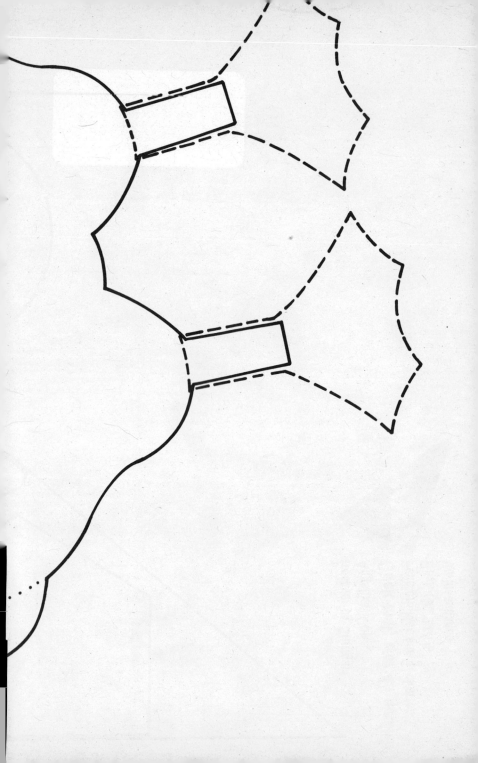

Color-Dekor 180° C
Neue Modelle & Ideen

Lydia Klös

Impressum:
© 2007 Bücherzauber Verlag GmbH, 41540 Dormagen
ISBN: 978-3-86545-212-2 ▪ Best.-Nr.: 45212

Fotos: Andrea Splietker
Styling: Andrea Splietker, Ilona Stephan
Layout/Satz/Bildbearbeitung: Andrea Splietker
Druck: Merkur Druck GmbH & Co. KG, Detmold ▪ www.merkur-druck-online.de

Das Gesamtwerk sowie die darin abgebildeten Motive sind urheberrechtlich geschützt. Jede gewerbliche Nutzung oder Vervielfältigung der abgebildeten Entwürfe – auch auszugsweise – ist nur mit schriftlicher Genehmigung des Herausgebers gestattet. Das Gleiche gilt auch für die Verbreitung, Vervielfältigung oder sonstige Verarbeitung mit elektronischen Systemen.

Alle Materialangaben und Arbeitsweisen für die abgebildeten Motive wurden sorgfältig geprüft. Eine Garantie oder gar Haftung für eventuell auftretende Schäden können seitens der Autorin oder des Verlages nicht übernommen werden.

1. Auflage 2007

Vorwort

Color-Dekor 180° C - ein Trend der schon viele begeistert hat. Auch mich hat er in seinen Bann gezogen. Neue Folien mit trendigen Tierfellmustern oder zarten Farbverläufen bieten so viele neue Gestaltungsmöglichkeiten für hitzebeständige Materialien aus Porzellan, Glas und Metall. Mit einfachen Mitteln lassen sich im Handumdrehen hochwertige Designerobjekte zaubern.

Probieren Sie es aus und teilen Sie meine Faszination für diese Technik. Sorgen Sie mit einzigartigen Geschenken auch bei anderen für Begeisterung.

Viel Freude beim Gestalten wünscht Ihnen

Lydia Klös

Herzlich danken möchte ich Herrn und Frau Ruhmann und Frau Hanewinkel, die mich bei der Umsetzung meiner Ideen mit Rat und Tat unterstützt haben.

Material & Werkzeug

▲ Color-Dekor 180° C in verschiedenen Farben, Bogen 100 x 200 mm
▲ Color-Dekor 180° C Buchstaben und Zahlen, Bogen 100 x 200 mm
▲ Cristallicpaint - transparente Glasmalfarbe
▲ Glasspaint opak - deckende Glasmalfarbe
▲ Porzellan
▲ Keramik
▲ Glas- und Metallartikel
▲ Pauspapier
▲ Bleistift
▲ Backofenthermometer

▲ Motivlocher
▲ Schere
▲ Motivschere
▲ Aluminium-Lineal
▲ Cuttermesser (Skalpell)
▲ Schneidematte
▲ Wasserschale
▲ Rakel (Kunststoffspachtel zum Entfernen von Blasen und Wasserfilm)

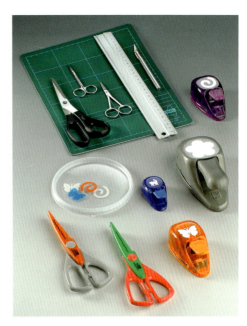

So wird's gemacht!

Grundanleitung

Color-Dekor 180° C kann auf hitzebeständigen Materialien wie Porzellan, Keramik, Glas, Metall etc. verwendet werden. Die Oberflächen müssen dabei absolut staub- und fettfrei sein. Bei der Verwendung eines Cuttermessers eine Schneidematte unterlegen. Die vorbereiteten Motive kurz in Wasser legen, vom Trägerpapier auf den Gegenstand aufbringen und mit den Fingern von innen nach außen glatt streichen. Die Feuchtigkeit mit einem Stück Haushaltspapier aufnehmen. Den Vorgang wiederholen, bis sich keine Feuchtigkeit mehr unter der Dekorfolie befindet. Eventuelle Luftblasen und Feuchtigkeit zwischen dem Untergrund und der Dekorfolie müssen komplett entfernt werden, damit bei der Aushärtung keine Unebenheiten entstehen. Je feiner und filigraner das Motiv ist, desto vorsichtiger anlegen und andrücken. Verschiedene Motive können auch übereinander platziert werden. Hier bitte beachten: Das erste Motiv muss gut durchgetrocknet sein, bevor das zweite aufgelegt wird. Auch hier die Feuchtigkeit gründlich entfernen. Vor der Aushärtung im Backofen 24 Stunden trocknen lassen. Wichtig: In den kalten Ofen stellen, dann auf 180° C Ober- und Unterhitze stellen. Nach 30 Min. den Backofen abschalten und die dekorierten Teile im Backofen auskühlen lassen. Color-Dekor 180° C ist spülmittelbeständig, von Hand zu spülen wird aber empfohlen.

Tipp:

Bitte beachten Sie, dass einige der Farbfolien leicht transparent sind und ein dunkler Untergrund durchscheinen kann.

24 Stunden bei Raumtemperatur trocknen lassen. Dann im Backofen bei 180° C – 30 Minuten aushärten.
Color-Dekor 180° C ist spülmittelbeständig, von Hand spülen.

Die gewünschten Motive mit der Schere oder dem Hobbymesser ausschneiden, oder mit dem Motivlocher ausstanzen.

Das Motiv kurz in Wasser legen, die Color-Dekorfolie vom Trägerpapier auf den Teller schieben und mit den Fingern das Motiv von innen nach außen glatt streichen. Die Feuchtigkeit mit einem Haushaltspapier aufnehmen.

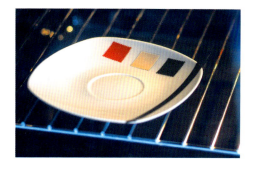

Go wild!

Material
- Color-Dekor 180° C: Giraffe, Leopard, Zebra
- schwarzer Color-Dekor 180° C Painter
- Motivlocher „Pfotenabdruck", ca. Ø 1,6 cm
- 3-stöckige Weißblechdose, 86 x 86 mm, 19,5 cm hoch
- rechteckige Weißblechdose, 19,5 x 15,3 cm, 7 cm hoch

Tipp:

Korrekturen an bereits aufgezogenen Motiven sollten unter Anlösung mit Wasser möglichst umgehend erfolgen.

Dose „Africa"

Die einzelnen Buchstaben seitenverkehrt vom Vorlagenbogen auf die Rückseiten der Color-Dekorfolien „Giraffe", „Leopard" und „Zebra" übertragen, ausschneiden und entsprechend der Abbildung auf den einzelnen Dosenteilen anbringen. Die Feuchtigkeit gründlich entfernen und die Folie etwas trocknen lassen. Anschließend jeden Buchstaben mit dem Color-Dekor-Painter umranden.

Dose „Wild"

Die einzelnen Buchstaben seitenverkehrt vom Vorlagenbogen auf die Rückseiten der Color-Dekorfolien „Giraffe", „Leopard" und „Zebra" übertragen, ausschneiden und mittig auf dem Dosendeckel aufbringen. Die Feuchtigkeit gründlich entfernen und nachdem die Folie etwas angetrocknet ist, jeden Buchstaben mit dem Color-Dekor-Painter umranden.

Nun ein Lineal an der Längsseite der Folien anlegen und mit dem Cuttermesser je vier 5 mm breite Streifen schneiden. Diese entsprechend der Abbildung entlang des Deckelrandes anbringen. Mit dem Motivlocher aus der Color-Dekor-Folie „Leopard" Pfotenabdrucke ausstanzen und auf dem Dosenunterteil so anordnen, dass sie um die Dose herum laufen.

Afrikanischer Kaffeegenuss

Material
- Color-Dekor 180° C: Giraffe, Leopard, Zebra, creme, schwarz
- schwarze Color-Dekor 180° C Buchstaben
- runde Weißblechdose mit Klarsichtdeckel, Ø 10,4 cm, 15,2 cm hoch
- runde Weißblechdose mit Drehverschluss, Ø 7,6 cm, 15,3 cm hoch

Dose „Kaffee"

Die einzelnen Buchstaben seitenverkehrt vom Vorlagenbogen auf die Rückseiten der Color-Dekorfolien „Giraffe", „Leopard" und „Zebra" übertragen und ausschneiden. Die Buchstaben laut Grundanleitung etwas versetzt auf der Dose aufbringen.

Dann ein Lineal an der Längsseite der Dekorfolien „Giraffe" und „Leopard" anlegen und mit dem Cuttermesser je zwei 1 cm breite Streifen schneiden. Diese entsprechend der Abbildung entlang des unteren und oberen Dosenrandes anbringen. Den Klarsichtdeckel vor dem Härten im Backofen entfernen und danach wieder einsetzen.

Dose „Coffee-Pads"

Zu Beginn das größere Oval vom Vorlagenbogen auf die Rückseite der cremefarbenen Dekorfolie übertragen und ausschneiden. Das kleinere Oval auf die rückseitige Mitte der Folie mit Leopardenmuster übertragen und so ausschneiden, dass um die Leopardenflecken herum geschnitten wird. Einzelne Flecken ragen so in das Ovalinnere hinein.

Zunächst das cremefarbene Oval gemäß Grundanleitung in der Dosenmitte aufbringen. Die Feuchtigkeit gründlich entfernen und nachdem die Folie etwas angetrocknet ist, die Leopardenfolie mit der ovalen Öffnung darüber platzieren. Aus einer zweiten Dekorfolie „Leopard" das fehlende Stück auf der Dosenrückseite ergänzen.

Nun ein Lineal an der Längsseite der schwarzen Folie anlegen und mit dem Cuttermesser drei 5 mm breite Streifen schneiden. Damit den oberen und unteren Rand abschließen. Die benötigten Buchstaben grob ausschneiden und den Schriftzug „Coffee-Pads" auf dem Oval anordnen. Die Kreise vom Vorlagenbogen auf die schwarze Dekorfolie und die Folie „Leopard" übertragen, ausschneiden und auf dem Dosendeckel anbringen.

Afrikanische Impressionen

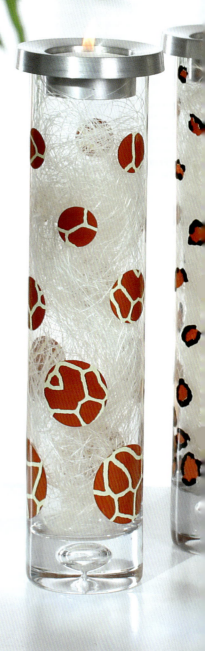

Material
- Color-Dekor 180° C: Giraffe, Leopard, Zebra, schwarz
- Motivlocher „Kreis": Ø 19 mm, Ø 25 mm, Ø 32 mm, Ø 38 mm
- 2 Glas-Teelichthalter, Ø 5,5 cm, 25 cm hoch
- Glaslampe, 25 cm hoch
- Zinkblechtopf, 10 x 10 cm, 9 cm hoch

Teelichthalter „Giraffe"

Stanzen Sie unterschiedlich große Kreise aus einer Dekorfolie "Giraffe" aus und bringen diese laut Grundanleitung der Größe nach von unten nach oben auf dem Glas an.

Teelichthalter „Leopard"

Die Leopardenflecken aus der Dekorfolie „Leopard" ausschneiden und gemäß Grundanleitung der Größe nach von unten nach oben auf dem Glas anordnen.

Zinktopf

Die Maße der Topfseitenteile auf die Papierrückseite der Folien mit Tierfellmuster übertragen und etwas kleiner ausschneiden. Die Seiten des Topfes mit unterschiedlichen Tierfellmustern laut Grundanleitung überziehen und den Wasserfilm mit Hilfe eines Rakels (Kunststoffspachtel) unter der Folie herausstreichen.

Glaslampe

Den halben Lampenschirmzuschnitt vom Vorlagenbogen auf die Papierrückseite zweier Color-Dekorfolien „Leopard" übertragen und ausschneiden. Diese gemäß Grundanleitung auf der Lampenschirmaußenseite aufbringen und den Wasserfilm unter der Folie mit Hilfe eines Rakels gründlich entfernen. Ein Lineal an der Längsseite der schwarzen Folie anlegen und mit dem Cuttermesser 5 mm breite Streifen schneiden. Damit die Stoßkanten der beiden Folienzuschnitte überdecken sowie den oberen und unteren Rand abschließen.

Tiger Design

Material
- Color-Dekor 180° C: Tiger, schwarz
- Motivlocher „Quadrat": 19 x 19 mm, 25 x 25 mm, 32 x 32 mm
- Glasschale, Ø 19 cm, 6,5 cm hoch
- Glas-Teelichthalter, Ø 5,5 cm, 25 cm hoch
- goldfarbene Weißblechtruhe, 10,5 x 7,8 cm, 6 cm hoch
- Glaslampe, 25 cm hoch

Glasschale

Zuerst aus zwei Dekorfolien „Tiger" unterschiedlich große Quadrate ausstanzen und diese laut Grundanleitung mit der Folienoberseite nach unten auf der Schalenaußenseite anbringen. Entsprechend der Abbildung mit den größten Quadraten am Rand beginnen und mit den kleinsten in der Mitte enden.

Tipp:

Die Folie auf der Schalenunterseite aufbringen, dann kann die Schaleninnenseite problemlos gereinigt und auch mit Flüssigkeit gefüllt werden.

Teelichthalter

Als Erstes aus zwei Dekorfolien „Tiger" 40 Quadrate ausstanzen, die eine Größe von 25 x 25 mm haben und diese laut Grundanleitung hochkant (siehe Abbildung) auf dem Glas anbringen.

Truhe

Aus der Dekorfolie „Tiger" 21 Quadrate, mit einem Maß von 19 x 19 mm, ausstanzen und diese laut Abbildung hochkant auf dem Truhendeckel und rings um das Truhenunterteil anlegen. Anschließend ein Lineal an der Längsseite der schwarzen Folie anlegen und mit dem Cuttermesser acht 5 mm breite Streifen schneiden. Damit den oberen sowie den unteren Rand des Truhenunterteils und den unteren Rand des Deckels verzieren. Ebenso das Quadrat auf dem Deckel einrahmen.

Glaslampe

Das Lampenschirmzuschnitt-Viertel vom Vorlagenbogen auf die Papierrückseite zweier Color-Dekorfolien „Tiger" übertragen und viermal ausschneiden. Die Viertel gemäß Grundanleitung auf der Lampenschirmaußenseite aufbringen und den Wasserfilm unter der Folie mit Hilfe eines Rakels gründlich entfernen.

Asia-Trend

Material
- Color-Dekor 180° C: rot, schwarz
- schwarze, chinesische Color-Dekor 180°C Schriftzeichen
- rote, transparente Glasmalfarbe (Cristallicpaint)
- Motivlocher „Drache", ca. 5 cm
- Porzellan-Vorratsdose, Ø 11 cm, 11,5 cm hoch
- rechteckige Glasvase, 18 x 4 cm, 20 cm hoch
- Glaslampe, 25 cm hoch

Glaslampe

Zunächst den Lampenschirm mit roter Glasmalfarbe „Cristallicpaint" grundieren. Für einen satten Rot-Ton die Farbe in mehreren Schichten auftragen und zwischendurch trocknen lassen. Danach mit dem Motivlocher drei Drachen aus schwarzer Dekorfolie ausstanzen und gemäß Grundanleitung auf den Lampenschirm aufbringen.

Glasvase

Mit dem Motivlocher einen Drachen aus schwarzer Dekorfolie ausstanzen und gemäß Grundanleitung in der linken unteren Ecke der Vase anbringen. Die gewünschten Schriftzeichen grob ausschneiden und entlang der unteren Vasenkante sowie entlang des linken Randes platzieren. Danach ein Lineal an der Längsseite der roten Folie anlegen und mit dem Cuttermesser zwei 5 mm breite Streifen schneiden. Diese gemäß Abbildung so längs und quer auf der Vase anordnen, dass hiermit die Schrift abgegrenzt wird.

Porzellandose

Zu Beginn mit dem Motivlocher einen Drachen aus schwarzer Dekorfolie ausstanzen und gemäß Grundanleitung in der Deckelmitte anbringen. Danach die gewünschten Schriftzeichen grob ausschneiden und auf dem Dosenunterteil platzieren. Den Kunststoffring am Deckel der Dose vor dem Härten im Backofen entfernen und danach wieder einsetzen.

Im Zebra-Look

Material
- Color-Dekor 180° C: Zebra, schwarz
- Motivlocher „Rechteck", ca. 5 cm
- Motivlocher „Strudel", ca. 2,5 cm
- Glas-Teelichthalter, Ø 5,5 cm, 7 cm hoch
- Glaslampe, 25 cm hoch
- Porzellan-Vorratsdose, Ø 11 cm, 11,5 cm hoch

Teelichthalter

Mit dem Motivlocher „Strudel" mehrere Motive aus einer Dekorfolie ausstanzen und laut Grundanleitung auf das Glas aufbringen.

Tipp:

Wenn Sie beim Anlegen der Motive etwas mehr Wasser verwenden, legt sich der Strudel leichter in Form.

Glaslampe

Den halben Lampenschirmzuschnitt vom Vorlagenbogen auf die Papierrückseite zweier Color-Dekorfolien „Zebra" übertragen und ausschneiden. Diese gemäß Grundanleitung auf der Lampenschirmaußenseite aufbringen und den Wasserfilm unter der Folie mit Hilfe eines Rakels gründlich entfernen. Dann ein Lineal an der Längsseite der schwarzen Folie anlegen und mit dem Cuttermesser 5 mm breite Streifen schneiden. Nun damit die Stoßkanten der beiden Folienzuschnitte überdecken und den oberen sowie den unteren Rand abschließen.

Porzellandose

Die Halbkreisbögen vom Vorlagenbogen auf die Rückseite einer Color-Dekorfolie „Zebra" übertragen, ausschneiden und entsprechend der Abbildung wechselweise anbringen. Nun mehrere Rechtecke ausstanzen und diese gemäß Grundanleitung auf dem Dosenunterteil platzieren. Den Kunststoffring am Deckel der Dose vor dem Härten im Backofen entfernen und danach wieder einsetzen.

Seite 9
Afrikanischer Kaffeegenuss
- Dose „Coffee-Pads"

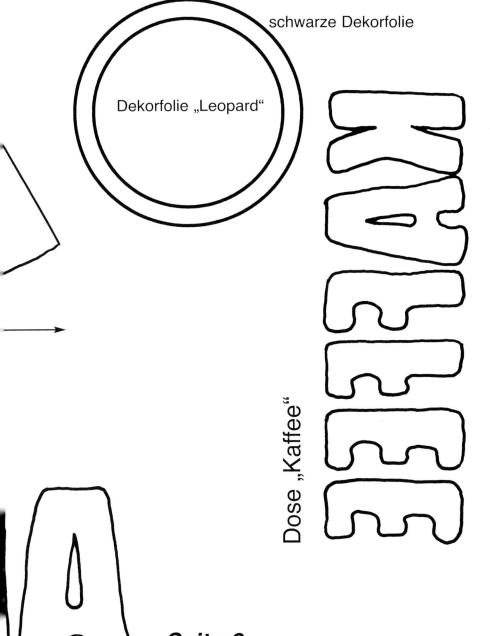

Seite 32
Laterne mit Mohnblüten

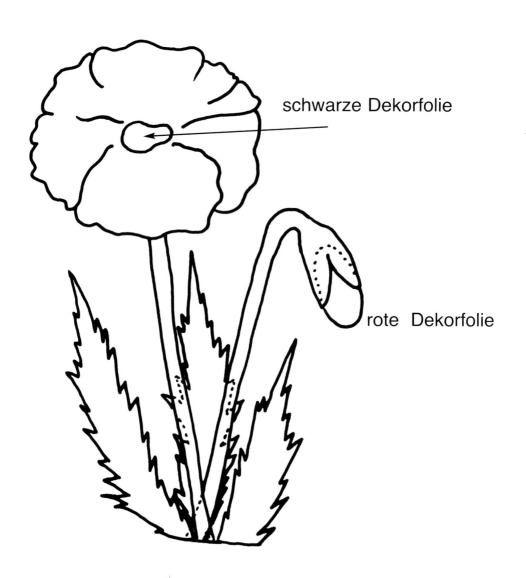

Afrikanischer Kaffeegenuss
- Dose „Coffee-Pads"

cremefarbene
Dekorfolie

Dekorfolie
„Leopard"

20/21

rz für Blumen

2 x, davon
1x gegengleich

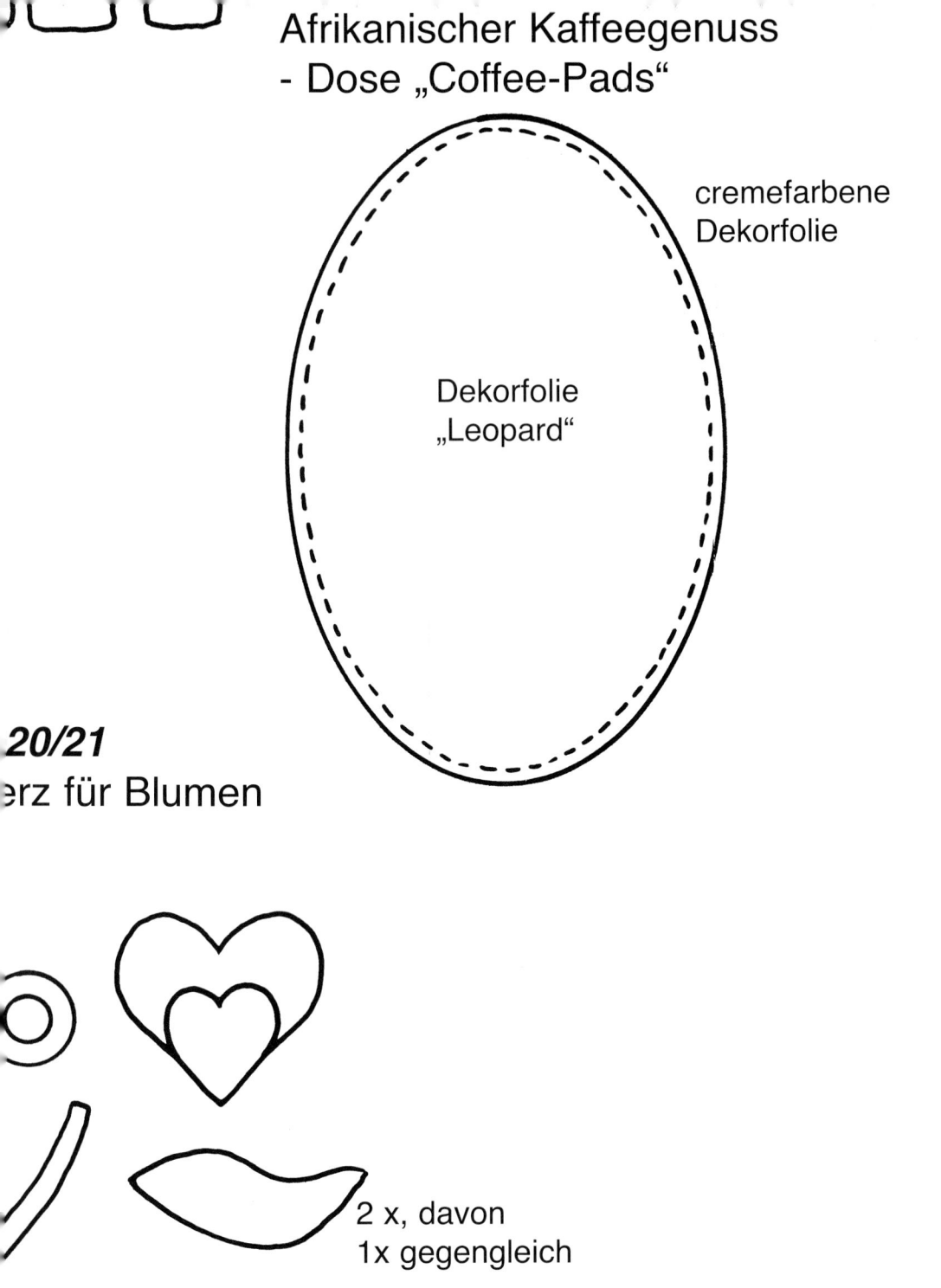

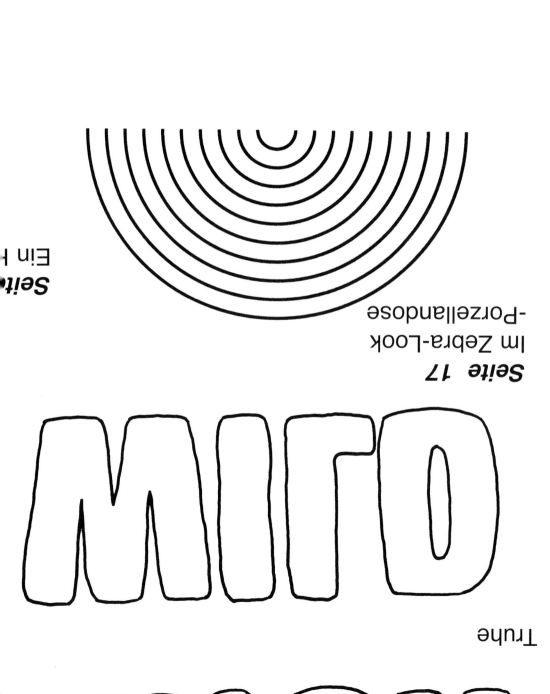

Seite 27
Verliebte Herzen
- Glasvase

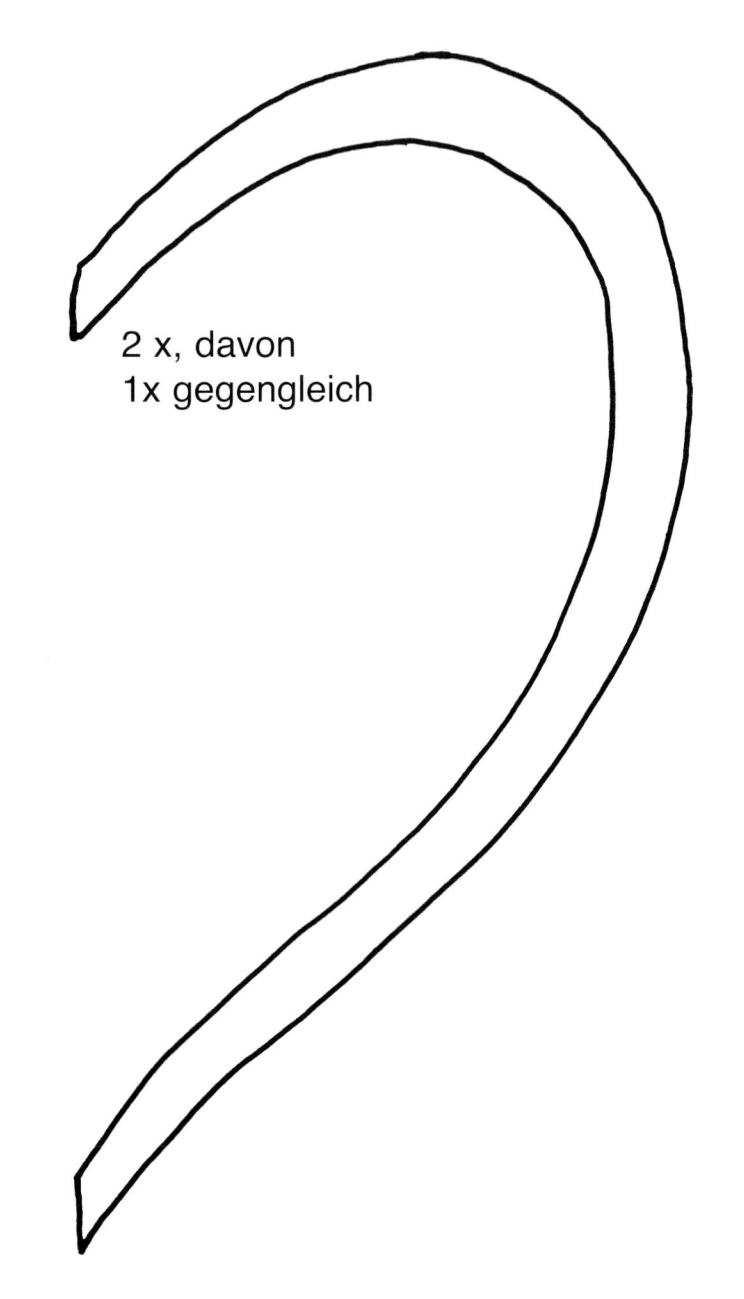

2 x, davon
1x gegengleich

Seite 25
Zauberhafte Blüten

Seite 18/19
Spiegel im Asia-Look

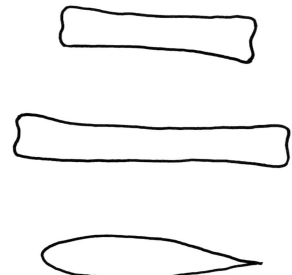

Seite 11, 13, 17

Lampenschirm für alle Modelle

1/4 Lampenschirmzuschnitt

1/2 Lampenschirmzuschnitt

Seite 6/7

Go wild!

Dose

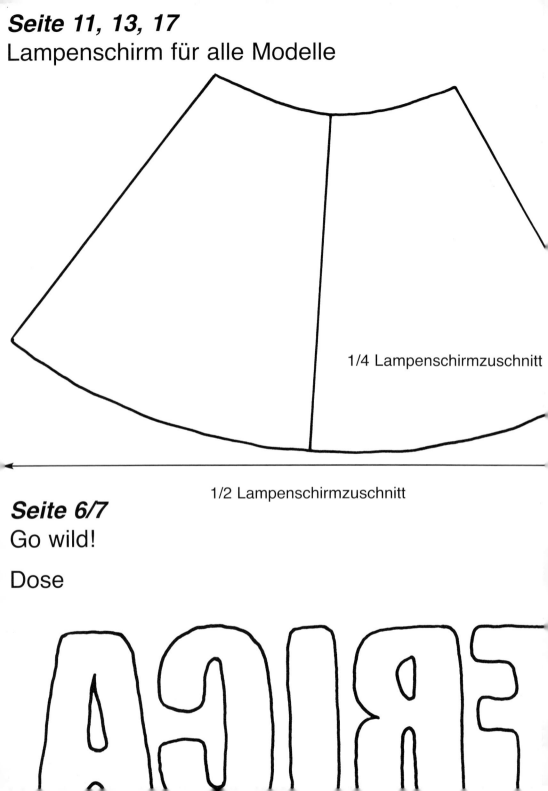

Spiegel im Asia-Look

Material
- braunes Color-Dekor 180° C Style
- grünes Color-Dekor 180° C
- 2 schwarze, chinesische Color-Dekor 180° C Schriftzeichen
- vier quadratische Spiegelfliesen, 20 x 20 cm

Zuerst von den Bambusstämmen und dem Blatt Schablonen erstellen. Dazu die Vorlagen vom Vorlagenbogen auf Karton übertragen und ausschneiden.

Auf der Rückseite zweier brauner Color-Dekorfolien „Style" 12 längere und 24 kürzere Stämme in Längsrichtung aufzeichnen und ausschneiden. Danach 24 Blätter auf die Papierrückseite zweier grüner Folien zeichnen und ausschneiden.

Nun die Fliesen mit ca. 1 cm Abstand zueinander legen und zunächst die Bambusstämme darauf anordnen (siehe Abbildung). Für einen natürlichen Eindruck die Stämme über den Rand hinaus ragen lassen.

An der rechten Spiegelseite die beiden Schriftzeichen mit Bambusstämmen einrahmen und alles laut Grundanleitung anbringen. Über den Fliesenrand hinaus ragende Stammteile abschneiden.

Anschließend die Blätter einzeln, zu zweit oder zu dritt aufbringen und teilweise die Stämme überlappen lassen.

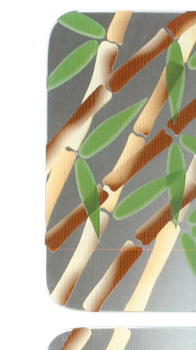

Ein Herz für Blumen

Tipp:
Nur genietete Töpfe verwenden, mit Zinn gelötete fallen im Ofen auseinander.

Material
- orangefarbenes Color-Dekor 180° C Style
- grünes Color-Dekor 180° C
- silberne, runde Weißblechdose, Ø 8,8 cm, 12,3 cm hoch
- Zinkblechtopf, 10 x 10 cm, 9 cm hoch
- zylinderförmige Glasvase, Ø 8-10 cm, 20 cm hoch

Von den beiden Herzen, den beiden Kreisen, den Blättern und dem Stiel Schablonen fertigen. Dazu die Vorlagen vom Vorlagenbogen auf Karton übertragen und ausschneiden.

Zinktopf

Auf der Rückseite zweier orangefarbener Color-Dekorfolien „Style" je 16 große sowie kleine Herzen und je vier kleine sowie große Kreise übertragen und ausschneiden. Danach acht Blätter und vier Stiele auf die Papierrückseite der grünen Folie zeichnen und ausschneiden. Zunächst auf jeder Topfseite zwei gegengleiche Blätter und einen Stiel anbringen. Dann entsprechend der Anleitung wie zur Dose beschrieben, vier Blüten ergänzen.

Dose

Auf der Rückseite zweier orangefarbener Color-Dekorfolien „Style" je 16 große und kleine Herzen sowie je sechs kleine und vier große Kreise aufzeichnen und ausschneiden. Nun je vier große Herzen zu Blüten laut Abbildung zusammensetzen und auf den Deckel sowie rings um die Dose aufziehen. Die Feuchtigkeit gründlich entfernen und nachdem die Folie etwas angetrocknet ist, die kleineren Herzen ergänzen. In gleicher Weise nacheinander den größeren und kleinen Kreis in der Blütenmitte anbringen.

Vase

Auf der Rückseite zweier orangefarbener Color-Dekorfolien „Style" je 16 große und kleine Herzen sowie je vier kleine und große Kreise aufzeichnen und ausschneiden. Daraus wie in der Anleitung zur Dose beschrieben, schrittweise vier Blüten bilden.

Maritim

Material
- blaues Color-Dekor 180° C Style
- silberne, opakfarbene Glaspaint
- Maldüse, Ø 0,8 mm
- Bürolocher
- schräge Glasvase, Ø 15 cm, 18 cm hoch
- Teelichthalter für 3 Teelichter, 20 cm lang, Ø 6 cm
- blaugetönte Glaslampe, Ø 16 cm, 45 cm hoch

Lampe

Acht Seepferdchen, vier Seesterne sowie je sechs bis acht Schneckenhäuser und kleine Muscheln vom Vorlagenbogen auf die Rück-

Glasvase und Teelichthalter

Zu Beginn den Seestern, das Schneckenhaus und die Muscheln vom Vorlagenbogen auf die Rückseite der Dekorfolie übertragen. Für die Glasvase zwei Seesterne, zwei große Muscheln, drei Schneckenhäuser und drei kleine Muscheln ausschneiden. Für den Teelichthalter zwei Seesterne, sechs Schneckenhäuser und vier kleine Muscheln fertigen. Die Motive laut Grundanleitung anbringen und nach kurzer Trockenzeit die Schneckenhausöffnung ergänzen. Die Maldüse auf die Spitze der Glaspaint Flasche setzen und die Motive gemäß Vorlagenbogen mit feine Linien und Punkten bemalen.

seiten dreier Dekorfolien übertragen und ausschneiden. Die Motive laut Grundanleitung anbringen und nach kurzer Trockenzeit die Schneckenhausöffnung, den Bauch, den Kopf und das Auge der Seepferdchen ergänzen. Mit dem Bürolocher kleine Punkte ausstanzen und auf der Lampe verteilen. Die Maldüse auf die Spitze der Glaspaint Flasche setzen und die Motive gemäß Vorlagenbogen mit feinen Linien und Punkten bemalen. Zum Härten im Backofen den Elektroeinsatz entfernen und nachträglich wieder einsetzen.

Tipp:

Die Lampe in einer Auflaufform in diagonaler Position im Backofen härten.

Zauberhafte Blüten

Material
- grünes Color-Dekor 180° C Style
- Motivlocher „Gänseblümchen": Ø 1,6 cm, Ø 2,5 cm, Ø 5 cm
- Motivlocher „Flower Power": Ø 1,6 cm, Ø 5 cm
- Glasvase, Ø 9 cm, 40 cm hoch
- grüngetönte Glaslampe, Ø 12 cm, 31 cm hoch
- Glaskugel, Ø 12 cm

Glasvase

Zuerst aus drei Dekorfolien je 10 Gänseblümchen in allen drei Größen ausstanzen. Die großen Blüten spiralförmig (siehe Abbildung) um das Glas herum anordnen und laut Grundanleitung aufbringen. Nach kurzer Trockenzeit die mittlere Blütengröße versetzt anbringen und nach einer weiteren Trockenzeit die kleinen Blüten ergänzen. Je 17 kleine und mittlere Gänseblümchen ausstanzen und daraus eine zweite Spirale anbringen.

Tipp:

Die Vase in einer Auflaufform in diagonaler Position im Backofen härten.

Lampe

Mit dem großen Motivlocher „Flower Power" aus zwei Dekorfolien acht bis zehn Blüten ausstanzen, diese rings um das Glas herum verteilen (siehe Abbildung) und laut Grundanleitung aufbringen. Nach kurzer Trockenzeit 10 kleine Blüten in der Blütenmitte versetzt anbringen. Weitere kleine Blüten über der Vase verteilt ergänzen. Zum Härten im Backofen den Elektroeinsatz entfernen und nachträglich wieder einsetzen.

Glaskugel

Die einzelnen Teile des Schmetterlings vom Vorlagenbogen auf die Rückseite einer Dekorfolie übertragen und alle Teile je viermal ausschneiden. Die vier Schmetterlinge gleichmäßig um die Kugel herum verteilen. Die Motivteile nacheinander unter Einhaltung einer kurzen Trockenzeit laut Grundanleitung anbringen. Kleine Gänseblümchen über die Kugel verteilt ergänzen.

Tipp:

Zum Härten den Backofenrost in die oberste Position bringen und die Kugel an den Rost hängen.

Verliebte Herzen

Material
- pinkfarbenes Color-Dekor 180° C Style
- silberne Color-Dekor 180° C Buchstaben und Zahlen
- Motivlocher „gedrungenes Herz": Ø 1,6 cm, Ø 2,5 cm, Ø 5 cm
- Motivlocher „verschlungene Herzen", Ø 2,5 cm
- Motivlocher „Kreis", Ø 32 mm
- silberne CD-Box aus Weißblech, 1 cm hoch
- Porzellan-Serviettenhalter, 12 x 7,5 cm
- Glaskugel, Ø 10 cm
- zweiteilige Glasvase, 12 bzw. 10 cm breit, 30 bzw. 24 cm hoch und 4 cm tief
- Glas-Teelichthalter, Ø 5,5 cm, 7 cm hoch

Für die „verschlungenen Herzen" zunächst die Herzen mit dem Locher aus der Dekorfolie ausstanzen. Anschließend das Motiv mittig in den umgekehrten Kreislocher legen und erneut stanzen.

Herzen mit herzförmiger Aussparung erhalten Sie, wenn Sie zunächst das kleinere Herz aus der Folie ausstanzen und das Negativ anschließend mittig in den umgedrehten, größeren Herzlocher legen und erneut stanzen. Dieses Negativ wiederum mit dem noch größeren Herzlocher ausstanzen und so, sehr sparsam, viele Herzen stanzen.

CD-Box

Ein Motiv „verschlungene Herzen" und für jeden Buchstaben der beiden Namen je ein 2,5 cm großes Herz ausstanzen und laut Grundanleitung auf den Deckel aufbringen. Nach kurzer Trockenzeit die benötigten Buchstaben und Zahlen grob ausschneiden und ergänzen (siehe Abbildung).

Serviettenhalter

Ein Motiv „verschlungene Herzen" ausstanzen und laut Grundanleitung aufbringen. Die benötigten Buchstaben grob ausschneiden und ergänzen.

Glasvase

Die Herzrahmenhälften vom Vorlagenbogen auf die Rückseite der Dekorfolie übertragen, ausschneiden und gemäß Grundanleitung auf den beiden Vasenhälften anbringen. Nun sechs Motive „verschlungene Herzen" und die grob ausgeschnittenen Buchstaben und Zahlen hinzufügen.

Glaskugel und Teelichthalter

Viele kleine und mittlere Herzen sowie mittlere und größere Herzen mit herzförmiger Aussparung ausstanzen und laut Grundanleitung auf der Kugel und dem Teelichthalter anbringen.

Winterliche Stimmung

Material
- schwarzes Color-Dekor 180° C Style
- Motivlocher „Baum", Ø 5 cm
- Motivlocher „Ahornblatt", Ø 2,5 cm
- Motivlocher „Regenschirm", Ø 1,6 cm
- quadratische Porzellanteller: 18 x 18 cm, 23 x 23 cm
- Glasschale, Ø 21 cm, 7 cm hoch

Glasschale

Aus zwei Dekorfolien zehn Bäume ausstanzen und diese laut Grundanleitung außen auf dem Rand der Glasschale anbringen (siehe Abbildung). Danach 10 Blätter ausstanzen und auf dem Boden im Inneren der Glasschale verteilt aufziehen.

Porzellanteller

Als Erstes aus einer Dekorfolie fünf Bäume ausstanzen und diese in den vier Ecken sowie in der Mitte des größeren Tellers platzieren. Danach je sieben Blätter sowie Schirme ausstanzen und gemäß Abbildung auf dem kleineren Teller anordnen. Die Motive laut Grundanleitung aufbringen.

Tipp:

Beim Anlegen der filigranen Motive etwas mehr Wasser verwenden, so legen sich diese leichter in Form.

Modern & trendig

Material
- schwarzes Color-Dekor 180° C Style
- Motivlocher „Kreis": Ø 19 mm, 25 mm, 32 mm
- Glasschale, Ø 19 cm, 6,5 cm hoch
- Glas-Teelichthalter, Ø 5,5 cm, 25 cm hoch
- weiße, runde Glaslampe, Ø 25 cm, 23 cm hoch

Um Ringe zu erhalten, zunächst den kleineren Kreis aus der Folie ausstanzen. Das Negativ anschließend mittig in den umgedrehten, größeren Kreislocher legen und erneut stanzen. Dieses Negativ wiederum mit dem noch größeren Kreislocher ausstanzen und so, sehr sparsam viele Kreise und Ringe stanzen.

Teelichthalter
Viele kleine und mittlere Kreise sowie mittlere und größere Ringe aus einer Dekorfolie ausstanzen. Zunächst die geschlossenen Kreise laut Grundanleitung auf dem Teelichthalter anbringen und nach kurzer Trockenzeit die Ringe ergänzen.

Tipp:
Beim Aufbringen der Ringe etwas mehr Wasser verwenden, sie legen sich so leichter in Form.

Glasschale
Viele kleine und mittlere Kreise sowie mittlere und größere Ringe aus einer Dekorfolie ausstanzen. Zunächst die Ringe mit der Folienoberseite nach unten, gemäß Grundanleitung, auf der Schalenaußenseite anbringen. Nach kurzer Trockenzeit die Kreise in gleicher Weise ergänzen.

Tipp:
Die Folie auf der Schalenunterseite aufbringen. So kann die Schaleninnenseite problemlos gereinigt auch mit Flüssigkeit gefüllt werden.

Lampe
Zuerst viele kleine und mittlere Kreise sowie mittlere und größere Ringe aus vier Dekorfolien ausstanzen. Zunächst die geschlossenen Kreise laut Grundanleitung auf dem Lampenschirm anbringen und nach kurzer Trockenzeit die Ringe ergänzen. Zum Härten im Backofen den Elektroeinsatz entfernen und nachträglich wieder einsetzen.

Tipp:
Damit der Lampenschirm nicht zuviel Oberhitze abbekommt und an der Oberseite bräunt den Schirm mit dem Rost direkt auf den Boden des Backofens stellen und die Temperatur überwachen.

Laterne mit Mohnblüten

Material
- Color-Dekor 180° C: grün, rot, schwarz
- schwarzer Color-Dekor 180° C Painter
- grüne Laterne

Die einzelnen Teile der Mohnblüten vom Vorlagenbogen abpausen, das Pausblatt wenden und alles seitenverkehrt auf die Rückseite einer grünen, roten und schwarzen Dekorfolie übertragen. Alle Teile je dreimal ausschneiden.

Nun die drei Glasscheiben der Laterne vorsichtig aus der Halterung lösen. Eine Glasscheibe auf das Motiv von dem Vorlagenbogen legen und die Motivteile anhand der Zeichnung nacheinander unter Einhaltung einer kurzen Trockenzeit, laut Grundanleitung, anbringen.

Mit dem Painter die Linien im Blüteninneren nachziehen. Die Glasscheiben nach dem Härten wieder in die Laterne einsetzen.